Aphorismen

Eberhard Blanke

Aphorismen

Eberhard Blanke

Bibliografische Information der Deutschen Nationalbibliothek:
Die Deutsche Nationalbibliothek verzeichnet diese Publikation in
der Deutschen Nationalbibliografie; detaillierte bibliografische
Daten sind im Internet über http://dnb.dnb.de abrufbar.

Die automatisierte Analyse des Werkes, um daraus Informationen
insbesondere über Muster, Trends und Korrelationen gemäß §44b
UrhG („Text und Data Mining") zu gewinnen, ist untersagt.

© Eberhard Blanke
3., korrigierte Auflage, 2025
Verlag: BoD · Books on Demand GmbH,
Überseering 33, 22297 Hamburg, bod@bod.de
Druck: Libri Plureos GmbH, Friedensallee 273, 22763 Hamburg
ISBN 978-3-7519-1569-4

Inhalt

Aphorismen

Geben, was nicht gegeben werden kann.

Die Birke besteigen, damit der Boden schwankt.

Den Nebel loben, der den Horizont weich zeichnet.

Stilles Blättern im Walde beobachten.

Das Käuzchen hören, das sich nachtfaltergleich vorbei-
schweigt.

Religiöse Renaissance beginnt im Gebet.

Wolken liegen nicht, sie hängen in der Luft.

Jedem Lebensabschnitt einen entscheidenden Sinn ab-
zuzwingen macht reich – wenn man ihn denn erkennt.

Wer versucht, so schnell wie möglich alles zu errei-
chen, kommt doch nur »as slow as possible« voran.

Der Blick aus dem Fenster gibt eine Auswahl an Ob-
jekten her.

Dem Ochsen, der vor'm Berge steht, soll man nicht
die Augen verbinden.

Parasiten sind immergrün.

Morgenstund' hat Geschmack im Mund.

Das Heute ist aktueller als die neueste Aktualisierung.

Langeweile ist die Urgroßmutter der Kultur.

Auf unerträglichen Frieden folgt Krieg.

Das Leben ist auch bloß Sterben.

Wer auf der Pauke der Unvernunft spielt, bringt leicht Trommelfelle zum Platzen.

Zu viel Vernunft ist bei Verstande nicht auszuhalten.

Kultur ist die Ausnahme.

Der Delinquent: der Mensch.

Das Genie ist auch bloß ein Mensch.

Das stumme Gewitter des beredten Schweigens zwischen zwei Menschen.

Wer nur *einen* Zeh in die See steckt, wird der Langmut derselben gewahr.

Übervernünft'ge Vernunft ist ohn' all' Vernunft.

Eine Hand voll großer Tage im Leben machen das Leben groß.

Es ist klug, sich dumm zu stellen.

Liebe kommt aus Gewohnheit.

Es ist besser, am eigenen als am fremden Anspruch zu scheitern.

Geld fühlt nicht.

Hoffnung packt die Koffer mit.

Die Zeit anhalten – ein Privileg des Todes.

Kopulation bringt Population.

Distanz kann man überwinden, Nähe nicht.

Ich komme am besten mit mir selbst nicht zurecht.

Der menschliche Wunsch, allgegenwärtig zu sein, resultiert aus dem Verlust von Heimat.

Wer Heimat hat, kann nicht überall gleichzeitig sein.

Wer gleichzeitig überall sein will, ist nirgendwo.

Je unwichtiger man sich nimmt, desto mehr Leistung kann man erbringen.

Versäumnisse sind wie zerrissene Kleider.

Wenn Menschen funktionieren, dann wie das Wetter.

Die Fehlerquote im Leben liegt bei etwa 50 Prozent.

Was nicht getan ist, ist nicht erlebt.

Allein zu Hause ist wie kein Zuhause.

Angst macht Beine, aber ungelenkig.

Glaube ist Herdensache.

Die Augen zu öffnen, kann zur Erblindung führen.

Auge um Auge bringt auf Augenhöhe.

Versprechen kann man brechen. Verbrechen nicht.

Versprecher, die die Wahrheit ans Licht bringen.

Lüge ist leicht, Wahrheit ist schwer.

Ein unausgesprochener Befehl, der sein gesamtes Leben bestimmte.

Jeder Gedanke ist einzigartig. Jedenfalls für den Gedanken.

Von guten alten Büchern betrunken.

Erschöpfung durch Zuvieltun. Erschöpfung durch Nichtstun.

Verschwörung beginnt beim Nachbarn und endet im Weltgericht.

Das Damoklesschwert ist im Vergleich zu Entscheidungen, die andere über einen fällen, wie ein Pfühl zu einem Pfuhl.

Ich habe diesen Satz nicht geschrieben.

Freiheit: Kleine Fragen erhalten große Antworten.

Das größte Hindernis von Erkenntnis ist – andere Erkenntnis.

Wenn schon irren, dann wenigstens auf hohem Niveau.

Schwerter zu Pflugscharen – Gewehre zu Gitarren.

Woran erkenne ich, dass ich scharf sehe?

Das Schöne an Träumen ist, dass man erzählen kann, was man will; niemand kann es überprüfen. Auch der Träumer nicht.

Was verstehe ich, wenn ich etwas verstehe?

Die Wahrheit kennt keine Temperatur.

„Eine Welt ohne Geschenke." (Canetti) — Ein Geschenk ohne Welt.

Alles, was ist, ist nicht alles.

Am leichtesten gehen sich fremde Schuhe.

Argumente gegen die Realität.

Denken ist das Schaukelpferd des Geistes.

Denken: Es gibt nichts Höheres unter der Melone.

Der Abend wurde länger als die Nacht.

Der eine ist über Jahre gesund und verpasst einen Termin. Es wird ihm böse angerechnet. Ein anderer ist Jahr für Jahr krank, wodurch er dutzende Termine versäumt. Er wird bemitleidet.

(Ein) Gott allein macht noch keinen Himmel.

Ein Meister seines Faches, wer dient.

Ein Mittel zum Erfolg ist die Mittelmäßigkeit.

Eine Theorie, die alle Theorien, einschließlich ihrer selbst, widerlegt.

Er stieg auf den Flügeln des Gedankens so hoch, bis von ihm nichts mehr zu sehen war.

Er tat nur das, was machbar war. Er starb daran.

Erst kommt das Fressen, dann die Unmoral.

Mit geschlossenen Augen besser sehen.

Nur wer die Geschäftsordnung kennt, kommt ins Geschäft.

Praktisch geht es immer um Theorie.

Realität regiert.

Sauer zu werden schützt vor Verderbnis nicht.

Theoretisch geht es immer um Praxis.

Wo kein Hahn kräht, gibt es keinen Morgen.

Die Welt ist alles, was falsch ist.

Die Welt hat mit der Erde nichts zu tun.

Die Welt ist halb so schlimm wie sie aussieht.

Mancher sieht nach mehr aus als er sieht.

Woher die Freiheit nehmen, freundlich zu sein?

Alle große Politik geht früher oder später am Stock.

Wem sein Stündlein geschlagen hat, der braucht keine Uhr mehr.

Wer stirbt, hinterlässt die Lebenden.

Eltern sind Ahnen zu Lebzeiten.

Der Hass war groß, weil man sich nicht kannte.

Wenn die Worte nicht wären, wäre es ruhiger.

Wenn das Wort nicht wäre, käme auch niemand auf die Idee.

Platonische Liebe ist höchstens eine Idee.

Feindbilder haben viele Freunde.

Ein Anfang verspricht noch kein Ende.

Kommt der Storch, so sind Frösche in der Nähe.

Fliegenlernen geht nur gegen die Schwerkraft.

Wegfahren heißt, ankommen wollen.

Je höher einer steigt, desto leichter wird er sein.

Die Welt will nicht einmal betrogen werden.

Französisch ist auch nur eine Sprache.

Russisch lernen – um Wodka trinken zu können.

Musik – der andere Ton der Sprache.

Als er seine Bedeutung begriffen hatte, war sie sinnlos geworden.

Er leugnete – rein gefühlsmäßig – jedes Gefühl.

Auch Asche düngt.

Wir haben alles erreicht. Das ist der Stillstand.

Lachen ist noch nicht lustig sein.

Ignoranz ist der Dämon der Wissenschaft.

Freiheit: die Last zur Lust machen.

Angriff fordert die beste Verteidigung des anderen.

Der Mensch ist gut, aber ungleich.

Wahrheit ist ein Versuch auf Sprache.

Das Spiel der Worte endet im Patt.

Jeder hat seinen Erfolg zu tragen.

Die meisten Fehler sind richtig gemacht.

Seine Pflicht war, Recht zu haben.

Im Rausch erscheint alles doppelt so schön.

Humor ist die andere Seite keiner Medaille.

Dummheit kann gar nicht blöd genug sein.

Dummheit ist aller Feinde Anfang.

Dummheit vermehrt sich mit ihresgleichen.

Warum haben die Oberen soviel Hintern?

Friedhöfe sterben nicht aus.

Warum ist Liebe so wenig erfolgreich? Weil sie nicht fremd geht.

Wer nicht weiß, was er will, hat das Problem nicht.

Es ist noch nicht erwiesen, dass Geschichte vorwärts geht.

Keiner weiß, was hinter einem liegt. Dreht er sich um, liegt es vor ihm.

Wie ginge es weiter, wenn das Happy End am Anfang stünde?

Wer das Unmögliche verlangt, darf sich dann nicht wundern.

Sich mit den Buchstaben zu befassen, erfordert viel Geist.

Der Markt frisst seine Kinder.

Die Aktiengesellschaften haben das Erbe der Religion angetreten.

Glauben heißt, die Voraussetzungen zu ändern.

Gerechtigkeit endet, wo sie billig gehandelt wird.

Ich habe noch keinen Hirsch gesehen, der gerne gejagt worden wäre.

Für Kinder ist das Kleine groß. Das macht die Kleinen groß.

Als er seinem Lebensplan um Jahre voraus war, legte er eine Pause ein.

Ob Gott einen Bart hat, darüber mögen die Friseure und nicht die Propheten streiten.

Eine Uhr, die nachgeht, lässt sich Zeit.

Auch Säulenheilige müssen mal auf's Örtchen.

Fortschritt geht über Leichen. Rückschritt auch.

Er trank niemals in Gesellschaft. Er hätte die Wahrheit nicht ausgehalten.

Wie sieht ein Gott honoris causa aus?

Humor ist der letzte Beweis für den Sinn des Lebens.

Woher weiß man eigentlich, was welches Wort bedeutet?

Je weniger Worte einer hat, desto mehr bedeutet jedes von ihnen.

Inzwischen stehen meine Freunde als Bücher im Regal.

»Gut Holz« sprach der Holzwurm.

Schwarzen Schafen sieht man den Dreck nicht an.

Wer vergibt Patentrechte auf Spracherfindungen?

Der Ernst des Spieles war in den Regeln nicht zu lesen.

Die Himmelsrichtungen sind die Quadratur des Erdkreises.

Die Unfähigkeit der Regierenden, beizeiten abzutreten, wird – immer noch – mit Orden bedacht.

Sein Frack war von Orden bekleckert.

Die Epauletten waren das Einzige, was auf seinen Schultern lastete.

Ein Bonmot braucht gute Zähne.

Haarausfall macht den Kopf nicht unbedingt leichter.

Die haben keine Langeweile, die sie *anderen* bereiten.

An welches Haus legt man eine Tonleiter an?

Schlechte Musik kommt in den besten Familien vor.

Im Zeitalter der Zahlen – und niemand kann zählen.

Sich der Welt bewusst zu sein, kann zur Bewusstlosigkeit führen.

Der Wind kennt keine Himmelsrichtungen.

Jeder Nebel hört irgendwo auf.

Der Sturm fegte das Land hinweg.

Schnee ist die Unschuld des Winters.

Gepflügter Acker ist nicht mehr eben.

Die Jahreszeiten fielen einander in den Rücken.

Die eigene Schrift hat niemand in der Hand.

Die Sprache ist das subtilste Gefängnis.

Eine Dosis Armut gehört in jedes Portemonnaie.

Die Welt steht, von der anderen Seite aus gesehen, Kopf.

Als die Säue zu Perlenfischern avancierten ...

Wiederkäuer verlieren mit der Zeit den Geschmack.

Jede neue Zeile kostet einen Sprung.

Geburtstage nur in Primzahljahren feiern.

Sein Aussehen glich ungefähr der schlimmsten Vorstellung des Gegenteils.

Eine Agonie kommt selten allein.

Zu groß für die Kleinigkeiten. Nicht groß genug für die Kleinigkeiten.

Gedächtnislücken stopft man am besten mit Vergessen.

Wer über seinen Schatten springt hat zwei.

Über Goldzähne schweigt man sich aus.

In vino veritas. Aber ausgetrunken spricht er unwahr.

Unser Zahlensystem hat zehn Finger.

Eine Melodie, die sich im Notenbett räkelt.

Er bot der Glatze die Stirn.

Der Glanz der Augen als Widerschein der Tränen.

Das Spiegelbild ist verkehrt herum. Darin liegt seine Wahrheit.

Der Körper ist die Herberge der Seele. Und sie prellt ihn um die Zeche.

Stammtische haben besonders stabile Platten.

Das Alphabet würde sich selbst gewiß anders sortieren.

Jede Zeit hat ihre Gesetze, die keiner hält.

Auch positive Zahlen können sich negativ auswirken.

In der Gesellschaft taugt er so viel wie ein Haar in der
Suppe.

Mit der Lupe sieht man den Horizont nicht.

Am Horizont wird alles zur Linie.

Ein Müller namens Schmied.

Zeit lässt sich nicht vererben.

Der Tod würde auch gerne leben.

Meinungen sind elaborierte Schimpfwörter.

Druck erzeugt Presse. Presse erzeugt Druck.

Von Angesicht zu Angesicht sieht man die Pickel besser.

Sinn ist die Kurzform von Sinnlichkeit.

Alles erreicht – und kein Ende abzusehen.

Ein legerer Tod.

Sein Steckenpferd war ein Esel.

Wenn er gewusst hätte, wie wenige Leser er haben würde, hätte er sich dazugerechnet.

Er schrieb und schrieb, aber es blieb immer noch Papier übrig.

Odysseus kehrt zurück. Da ist seine Frau auf Reisen.

Humor wie vergorener Traubensaft.

Mancher Fund wäre lieber nicht gesucht worden.

Der Neunmalkluge, der nicht bis zehn zählen kann.

Wenn der Schreibtisch zur Schlachtbank wird.

Stammeltisch.

Amphorismus: Doppelhenkelphilosophie.

Aphorismus im 20. Jahrhundert: Mal Mot.

Denken ist eine Form der Flucht.

Auch ein schönes Leben kann unglücklich sein.

Moral ist die Zitrone im Schwarztee.

Seht den Menschen – dieses Tier.

Als er in die Sprache hineingegangen war, kam er nicht wieder heraus.

Die einen machen Politik, die anderen nichts.

Auch das Eitle muss sterben.

Wer nicht stirbt, bleibt leben.

Der Wind brachte auch nur schlechte Luft.

Wer eine Rolle spielt, ist nicht er selbst. Ist jemand einer, spielt er keine Rolle.

Kann Mittelmaß ein Maßstab sein?

Bösewichte sind allerorten Bösewichte.

Als er dachte, zu Hause zu sein, hatte er den Schlüssel verloren.

Freude: der Trick der Ausgetricksten.

»Einmal frei sein«, sagte die Schnecke und verließ ihr Haus. Weit kam sie nicht.

Hasenfuß Geschichte.

Er belieferte die Menschheit mit Sprüchen und niemand bemerkte es.

Gerüchte scheuen das Tageslicht.

Warum macht Geschichte, was sie will? Weil sie nicht weiß, was sie will.

Die Wahrheit liegt auf der Gasse, denn sie hat kein Zuhause.

Mäuse und Elefanten: grau ist grau.

Wer die Hosen anhat, sollte zwei Beine haben.

Die längsten Antworten sind jene, die auf nicht gestellte Fragen gegeben werden.

Heimat ist die Schwere des Erdbodens.

Wer sich selbst im Griff hat, gerät nicht in Ekstase.

Langeweile: ein Phänomen *vor* dem Tod.

Langeweile betrifft diejenigen, die selbst nichts einbringen.

Im Labyrinth verläuft man sich zielstrebig.

Die Menschheit, die sich überhebt, erleidet einen Bruch.

Der Diktator begründete seine Expansion mit der des Weltalls.

Die Geschichte hinkt auf beiden Beinen. Wird wohl Arthrose sein.

Jeder Fluss hat seine eigenen Windungen.

Schweine quieken, wenn sie gefüttert und wenn sie geschlachtet werden.

Dass die Berge ihm die Sicht versperrten, sah er nicht ein.

Wer mehr Worte hat, hat mehr Welt.

Überall, wohin er schaute, lag Natur herum.

Ein Ofen liebt trockene Nahrung.

Wortforschung bringt neue Erkenntnisse: Es bleibt alles beim Alten.

Morgens ein Hahn, mittags ein Zaunkönig, abends eine Nachtigall.

Automatisierte Türen kann man nicht schlagen.

Spiegel sind Silber, Bilder sind Gold.

Unter Gerechtigkeit verstehen die meisten soviel wie einen Triumph über den Neid.

Sein Auge spiegelte sich in eigener Träne.

Der Widerspruch: lesen oder leben? Deshalb schreiben so viele über's Leben.

Keine Ordnung ist streng genug, als dass man nicht über sie lachen könnte.

Je älter er ward, desto mehr Jugend kam in ihn.

Die Tore des Palastes schließen sich auch für seine Insassen.

Ich will nicht, dass mein Wille weiß, was er will. Das behalte ich allein mir vor.

Ich bestaune die Ausdauer der Bücher, solange stehen zu können.

Die beste aller Welten – und doch gibt es nur eine.

Wer viel liest, achtet den einzelnen Buchstaben wenig.

»Nämlich« ist die Gleichung zwischen zwei Namen.

Die Freundin der Frau ist die Circe des Odysseus.

Die Tücken der Materie setzen Wahnsinn frei.

Glutorange.

Creatusculum.

Kreatöpfchen.

Kreatäubchen.

Gourmädchen.

Kreaminchen.

Creatorium.

Nomismen.

Eipher.

Ich würde nicht wollen, wenn ich nicht müsste.

Schreib alles ab. Aber besser.

Der eine zerfleischt sich. Der andere zerseelt sich.

Es geht alles noch perfekter. Aber lebendiger?

Alle Gedanken – wie technisch möglich? – festhalten, aufzeichnen. Das wäre das opus magnum. *Alle* Gedanken. Gehirntonband.

Die Aussicht auf's Gedrucktwerden: Blendung und Blamage in einem.

Literarische Autopsie.

Vorsorgende Sicherheit bringt den Geist zum Erliegen.

Die Konzentration auf das Wesentliche machte ihn unsichtbar.

Immer dieses Ich, das mir im Wege steht.

Bei der Vorsehung tut man besser, sich vorzusehen.

Wer Berge und Schluchten in sich hat, braucht draußen flaches Land.

Wenn ich anderswo leben müsste, wäre die Erfindungsgabe eine andere.

Die Made im Speck. Und dann wird der Speck geräuchert.

Er geriet außer sich. Wohin auch sonst?

Milchmädchenrechnungen machen saure Mienen.

Der Prophet hat den Geist im Mantel.

Der Dirigent war der erste am Pult.

Im Ernstfall ist jeder sein eigener Stuntman.

Das Positive an Minusgraden ist, dass die Schädlinge absterben.

Narr zu sein kann man nicht spielen.

Fasnet: die fünfte Jahreszeit für diejenigen, die nicht bis vier zählen können.

Wirkliche Narren kennen keine Jahreszeiten.

Synkope: Notengang mit Krückstock.

Fassen wir uns kurz: Vita-Brevier.

Man sagte, er war seiner Zeit weit voraus. Dabei war er nur in einer Nische stehen geblieben.

Er war seiner Zeit weit voraus – und hatte insofern den Anschluss verloren.

Regen macht schmutzige Fenster.

Heute bezahlt man dafür, sein eigener Sklave zu sein.

Die größten Weltbürger sind meistens in den kleinsten Dörfern zu Hause.

Niemand kann seinen Tod denken. Auch nicht erleben. Man muss ihn glauben.

Jeder Schritt zurück bringt uns einen Schritt näher zum Paradies. Und irgendwann taucht der Feuerengel auf.

Vorgeschichte hat keine.

Geschichte beginnt mit der ersten Sünde.

Nachbarschaft ist eine Grenzerfahrung.

Die göttliche Schöpfung ist zur menschlichen Veranstaltung geworden.

Mit welchen Mitteln kommt man den Mitteln bei?

Kurzsichtigkeit bewahrt vor Wegen, die man sowieso nicht sieht.

Weitsichtigkeit kommt mit dem Alter.

Die Made im Speck – und sie hätte so gerne Käse.

Gold ist der Kot des Teufels.

Müdigkeit erdrosselt jeden Gedanken.

Wer weit darüber hinaus ist, ist wieder näher dran. Nach Umrundung der Erde steht man am selben Fleck.

Erbschaften halten die Welt zusammen, aber Familien bringen sie auseinander.

Nackt hat Haut an.

Im Reich der Seele gilt das Handwerk des Unsichtbaren.

Die größte Trommel hat den größten Hohlraum.

Profil zeigt sich heute in den Reifen.

Mit Männern *kann* man sich nicht unterhalten. Mit Eunuchen *muss* man sich unterhalten.

Wer von nackten Tatsachen spricht, denkt sich die Wissenschaft als FKK-Strand.

Die Weltmächte besichtigen ihre Folterkammern gegenseitig.

Der Markt altert wie ein Gebiss: er zeigt immer mehr Lücken.

Es war für ihn nüchterne Wahrheit, dass er ihr erst nach zwei Flaschen Wein auf die Schliche kam.

Wer immer schon beim Ergebnis ist, kann die Aufgabe nicht lösen.

Wer sich gerne gedruckt sieht, wird immer flacher.

Vernunft erfordert den Abschied vom Verstand.

Das Hauptziel wäre, keines zu haben.

Zur Begrüßung den Hut lüften. Und das Stirnband?

Gott – die außerweltliche Opposition.

Wer groß sein will, sehe vorher auf die Beschwernisse der wirklich Großen.

Buße: vom falschen Weg abweichen.

Der Prophet wider Willen ist der echte.

Das Leben ist naturgemäß tödlich.

Das Leben zog Tag für Tag an ihm vorüber – ohne auch nur zu grüßen.

»Ich will Gefühle«, sprach die Vernunft.

Durst ist einer der Gottesbeweise. Hunger der andere.

Was trifft, lenkt ab.

Ein Wortwechsel, scheu wie ein Reh.

Dass es immer so weiter geht, ist das Ende.

Zusammenhänge wie ein Netz. Wer ist die Spinne?

Mitleid ist die Großmutter der Aporie.

Er stand finanziell gut da, wenn auch mit einem Holz-
bein.

Erfahrung: es geht auch ohne Engel. Nur schwerer.

Ein Buch mehr oder weniger macht das Ganze aus.

Ein Lorbeerkranz ist zu drei Vierteln rund.

Ich versuche mein Schlimmstes.

Der Aphorismus sagt, was sich das Sprichwort nicht getraut.

Es ist Kultur, sie zu haben.

»Freiwillig« klingt meistens nach Befehl.

Wer nichts zu sagen hat, hat auch nichts zu verschweigen.

Das gewonnene Heimspiel machte ihn zum Fremden.

Wer Geld zum Fenster hinauswirft, sollte auf die Windrichtung achten.

Wertvoll erscheint, was man nicht gebrauchen kann.

Denken ohne Inhalt – ein Boden ohne Fass.

Wer jetzt noch schweigt, hat das Schreien verlernt.

Schließlich endet die Sprache und sagt: »So ist es.« Und schon ist es anders.

Die Abgründe werden immer flacher.

Je älter, desto länger das Sterben.

Ein spitzer Bleistift bricht leicht ab.

Kultur ist, wenn man den Rest weglässt.

Kultur: ein Schock für jeden Nichtsahnenden.

Freie Gedanken sind nur außerhalb des Gehirnkastens möglich.

Eine Philosophie in Aphorismen: vor Gebrauch schütteln.

Aphorismen sind intelligente Gedankenverschiebungen.

Aus Schreibfehlern lassen sich Aphorismen stanzen.

Wer zu viel erwartet, wird enttäuscht. Wer zu wenig erwartet, täuscht sich.

Welche Spuren hinterlässt der Spurensucher?

Wer den Vorteil hat, muss für den Benachteiligten sorgen.

In der Fremde sehen sich Ortsgleiche scheel an. Oder gründen eine Partei.

Er arbeitete so hart, dass er davon weich wurde.

Einsamkeit: Jeder ist für sich selbst Gesellschaft genug.

Keine Erfahrung. Darin liegt Hoffnung.

Es gibt Gedanken, in deren Gegenwart mir kein Mensch dazu einfällt.

Gleichgültig wo, träumen kann man überall. Und dann immer von einem anderen Ort.

Jeden Tag Schöpfung. Woher?

Vielleicht schämen sich die Affen ihrer Nachkommen?

Dass er für die Welt zu groß war, merkte er bei jeder Tür.

Mut zur Krücke.

Wer sich ein Beispiel nimmt, wird keines.

Ein Witzkopf benötigt Trantüten, die ihm zuhören.

Ein Ding, an dem sein ganzes Herz hing: sein eigenes.

Die öffentliche Beleuchtung beeinflusst die Arbeitszeit
der Autodiebe.

Wenn alles eitel, dann alles egal.

Die Schönheit der Sünde ist ihre Leichtigkeit.

Die Akkumulation des Wissens ergibt — nach Gebrauch — Unwissenheit.

Sein Testament war so kostbar, dass es darin aufgenommen wurde.

Auf welcher Frequenz klingt das Universum?

»Nach Hause zu kommen« ist der Kinderwunsch aller Erwachsenen.

Was er geleistet hatte, ging auf keine Kuhhaut. Deshalb nahm er ein Kamel.

Offenbarung ist ein anderes Wort für Selbstanzeige.

Das eine ist klar: Niemand blickt durch.

Auf dem Weg der Besserung fand mancher nicht zur alten Form zurück.

Nach jedem gelesenen Buch reicht es — bis zum nächsten.

Der Aphorismus ist die einzige Ausrede für ein stilistisches Durcheinander.

Wer zu viel überlegt, überlegt es sich nochmals.

Zu sterben ist ärgerlich. Ärgerlicher noch ist es, aufzuerstehen für den, der es nicht erwartet hat.

Animalisches Esperanto.

Gesundheit ist auch nur eine unheilbare Krankheit.

Das leere Grab ist die weltgeschichtliche Leerstelle.

Wo werden mehr Tode gestorben: in der Wirklichkeit oder in den Massenmedien?

Wer langsamer geht, kommt nicht so schnell ans falsche Ziel.

Wer hinter dem Mond wohnt, den blendet die Sonne nicht.

Wer sich mit der Dummheit anlegt, verkauft sich dafür.

Neulich hat sich der gesunde Menschenverstand krank gemeldet.

Der Tisch im Haus erspart die Diplomatie.

Ein einfaches Wesen teilt sich ungern – mit.

Öffentlichkeit ist organisierte Anonymität.

Anonymokratie: die wichtigsten Namen kennt niemand.

Wer gut zahlt, hat es nötig.

Warum werden Politiker vor allem dann gewählt, wenn sie besser betrügen als andere?

Die Welt reizt zum Betrug. Darin ist sie naiv.

»Die Politik ist am Ende.« Hat sie je angefangen?

Wirtschaftliches Wachstum: Wo keine Natur ist, kann auch nichts wachsen.

Im Schweiße deines Angesichts sollst du arbeitslos sein.

Geheimdienste bestimmen die Öffentlichkeit.

Er gedachte, schneller nach oben zu kommen — und fuhr Rolltreppe.

Von allen Haustieren hat der Hund am wenigsten ein Zuhause.

Witzeleien reicher Leute schmecken nach Essig.

Wer einen Sumpf trocken legen will, benutze Gummistiefel.

Er trug sich dumm und dusselig an seiner Klugheit.

Gemähtes Gras riecht süßer als stehendes.

Das Seegras hören nur die Fische wachsen.

Ich würde das Gras wohl wachsen hören – wenn nur die Bäume nicht so laut wüchsen.

Gegen den Strom zu schwimmen bringt gute Kondition.

Wovor will sich jemand mit seinem Wappen wappnen?

„Heute kann man von der Freiheit schon reden, von der früher gesungen wurde." (Tadeusz Peiper) — Bald wird man von ihr schweigen müssen.

Heutzutage sterben Menschen, die früher nie gelebt hätten.

Nie wieder wird es uns so gut gehen, wie wir es gedacht hatten.

Ist man allein, gibt es nichts zu besprechen. In Gesellschaft sprechen alle durcheinander.

Dialekte sind herrschende Relikte.

»Mir ist übel« sprach das Übel.

»Jetzt halten sie den Mund und lassen uns einmal offen miteinander reden.«

Eine Enzyklopädie ist ein ausführliches Inhaltsverzeichnis aller Dinge, die man wieder vergessen kann, da sie aufgeschrieben sind.

Was sonst keinen Sinn macht, macht einen Aphorismus.

Unendlich ist auch bei unendlicher Näherung nicht erreicht.

Der eine hat hundert Jahre für eine Erfindung, der andere hat hundert Erfindungen in einem Jahr. Was wiegt mehr?

Im Hafen der Ehe angekommen bestiegen sie den Leuchtturm und schickten Zeichen auf's Meer.

Aphorismus: Da macht einer einen Punkt.

Bücher, die vom Leben erzählen, sind angenehmer als das Leben.

Wenn ich einmal re-inkarnieren sollte, dann als Buch.

Spiritus loci: Der Geist weht, wo er nicht will.

Längen- und Breitengrade: Die Welt liegt wie ein überdimensioniertes Schachbrett darunter.

Bücher zu verbieten muss verboten werden.

Eine krumme Gerade ist in der Geometrie nicht vorgesehen.

Der Mensch stirbt an Heimweh.

Der Esel, träge und lahm, wird irgendwo recht haben.

Als er sich gefunden hatte, fand er sich verloren.

Der Mensch ist schlecht. Darin sind alle gleich.

Manche Träume wirken als Verkleinerungs-, manche als Vergrößerungsglas.

Moderne: immer weniger Beziehungen bei immer längeren Wegen.

Musik verdirbt konzertweise.

Lernen ist Reduktion auf bestimmte Formen.

Am liebsten *hat* er einen Saumagen.

Spontan zu sein braucht Erfahrung.

Der Ameisenhaufen funktioniert, weil alles drunter und drüber geht.

Geteilte Sorgen sind doppelte Freuden.

Ein Aphorismus, der alles in Wahrheit verdreht.

Defizit ist Überfluss an falschen Dingen.

Der Mensch, das hochsensible Trampeltier.

Rechtsstaat: Der Staat hat immer recht.

Nachteulen und Tagfalter begegnen sich am Waldrand.

Die besten Fälschungen fallen auf, weil sie zu gut sind.

Freundschaft ist der Wunsch, eigene Fehler mit fremden Ideen zu annullieren.

Freunde am besten in der Ferne.

Manche Silbertaler sind Gold wert.

Im Walde schweigt die Natur am dichtesten.

Tanzen auf einem Ball kann das Genick kosten.

Zu viele Gesetze bewirken eine Inflation an Gerechtig-
keit.

Ein demokratisch geduldeter Diktator.

Mit seinem vielen Schlaf hatte er den Tod abgebüßt.

Eine Sanduhr, die nachgeht.

Immer ein Amt höher beginnt die Korruption.

Der Affe des Affen (simia simiae) ist der Mensch.

Die Skrupellosen kommen zu den höchsten Ämtern.

Das Paragraphen-Zeichen §: zwei verkehrte Fragezeichen in einem.

Eine saubere Weste lässt schmutziges Wasser zurück.

Die Musik ist eine Sprache, welche die meisten Menschen verstehen, ohne sie jemals selbst sprechen zu können.

Geschlossene Anstalt des Geistes.

Die Gitterstäbe des Geistes geben ein sicheres Gefängnis ab.

Geschichte: Irgendwie geht es mit immer anderen Leuten irgendwie weiter.

Historische Studien führen stets zur eigenen Zeit zurück.

Jeder modelliert sich die Vergangenheit, wie er sie haben möchte.

Er ging als Historiopath in die Geschichte ein.

Die guten Seiten des Menschen schwimmen wie Fettaugen auf der bösen Suppe.

Gelehrte Leute haben viele Worte. Ob es die richtigen sind?

Studium braucht Ruhe, heißt so viel wie: Eifer braucht Nichtstun.

Erlebnisse finden erst viel später zu ihren Worten.

Zuerst erbaut sich einer die ganze Welt aus Worten, danach bekommen die Worte Welt.

Höchste Freiheit ist höchste Notwendigkeit.

Im Schmerz lebt der Tod auf.

Wer viel arbeitet, wird bald ein störrischer Esel.

Reisen auf der Landkarte sind die sichersten.

Enttäuschung setzt Täuschung voraus.

Wenn Termine platzen, gibt es dicke Luft.

Jeder Körper hat Geist. Daher das Schimpfwort: Du Flasche.

Ruhm gründet auf Eitelkeit.

Der eine schreibt Bücher, weil er viel erlebt hat, der andere, weil er nichts erlebt.

Jedes Gemälde zeigt einen Ausschnitt.

Der Weg auf der Suche nach dem Stein der Weisen erweist sich als steinig.

Was raffiniert gemacht zu sein scheint, ist meistens nur ein dilettantischer Notbehelf.

Geschichte ist stets Entfremdung vom Paradies.

Eine einfache Melodie erweicht tausendmal mehr Herzen als eine noch so großartige Rede.

Die Rechnung auf die mögliche Anzahl zu schreibender Buchseiten während eines Lebens sollte stutzig machen.

Wachsein ermüdet.

Unter derselben Sonne erscheint alles in unterschiedlichem Licht.

Wurzeln sind erdwärts gerichtete Kronen.

Manche Grabinschrift wäre Grund genug, sofort wieder aufzu(er)stehen.

Aphorismen: minimale Maximen.

Aphorismen: sprachliche Shortcuts.

Außer Wesen nichts gewesen.

Natur: ein Gelände, wo alles Gerade Abweichung ist.

Jeder möchte jung bleiben. Dabei bleiben die meisten bloß kindisch.

Manche werden über die Maßen von Leuten gelobt, die nicht einmal den Namen des Gelobten buchstabieren können.

Der Zusammenhang der Welt ist ein loser. Es gibt genügend Lücken, durch die man hindurchfallen kann.

20° im Februar: schöner kann die Klimakatastrophe kaum sein.

Wohlbefinden ist das Ende der Hühnerleiter.

Ein bisschen Irrtum hilft allemal, dass die Wahrheit sich freuen kann.

Erst muss man erkennen, was Wein ist; dann bringt der Wein zur Erkenntnis.

Die Krone des Ernstes: das Spiel.

Zum Leidwesen des Verstandes ist die Zunge schneller.

Droste-Hülshoff: Koste-Schwülstoff.

Er las Bücher aus der Vogelperspektive und fand manche Beute, zu der er niederstieß.

Man kann aus allem auf alles schließen.

Die Kunst, Armut zu verschwenden.

Das Trommelfell spricht am ehesten auf Rhythmus an.

Incognito fällt am meisten auf.

Mit seinem Spott biss er sich in die eigene Zunge.

Der Appetit auf Bilder verdarb ihm die Aussicht.

Was der Specht für den Baum, ist der Zweifel für den Glauben.

Ein hysterisches Volk schlägt in alle Richtungen aus.

Bücher sind nach ihrem Verschleiß zu beurteilen.

Wenn der Imker verbauert ...

Die Erkenntnis mittels Büchern gleicht der Liebe mittels Erklärungen.

Es gab noch nie so viele Gelehrte – und wir waren noch nie so ratlos.

Ein gekrümmter Raum hat vermutlich Bauchschmerzen.

Weil er wenig zu sagen hatte, musste er immer sehr weit ausholen.

Er verschlang derart viele Texte anderer Autoren, dass er sie schließlich als eigene wieder erbrach.

Wer Schlimmes überstanden hat, will diejenigen, die untergegangen sind, nicht mehr verstehen.

Aller Genuss hat Angst davor, dass es ihm einmal schlechter gehen könnte.

Die Angst vor dem Tod ist die Angst vor dem falsch gelebten Leben.

Wenn Zufälle zum Prinzip kulminieren.

Wer Ungerechtigkeit befördert, schimpft am meisten über sie.

Es ist alles gesagt und geschrieben. Aber noch nicht von mir.

Genau zu wissen, was man nicht will, ist zumeist besser, als genau zu wissen, was man will. Das Letztere tritt meistens nicht ein, beim Ersteren bleiben alle Freiheiten.

Gott schließt keine Zweckbündnisse.

Alle wollen ernst genommen werden. Und das möglichst lustig.

Er begann nur unvollendete Werke …

Der Stapel Brennholz liegt wie aufgebaute Waldgebeine da.

Einzig mit der Angst lebt der Mensch jetzt schon von Angesicht zu Angesicht.

Auch einen *letzten* Willen hatte er nicht.

Ich stehe am Beginn einer neuen schöpferischen Pause.

Landschaftssplitter.

Der Mensch steht, wenn er sie gebrauchen könnte, ohne Erfahrung da. Am Ende ist er voller Erfahrung – und kann sie nicht mehr gebrauchen.

Gerüchteweise Geschichte.

Zwei Schreibweisen: Askese sucht. Askese-Sucht.

Die Bäume, die sich gerne einmal hingelegt hätten.

Er stritt sich mit niemandem, vertrug sich aber auch mit keinem.

Das neue Gleichgewicht lautet Globalistik.

Die Bäume ragten aus dem Tal wie sperrige Nudeln aus einem Topf hervor.

Eine naseweiße Birke überragte das Unterholz.

Er stellte sein Wissen wie in einem Schaufenster aus.

Auf der Suche nach dem Thema kam er immer wieder davon ab.

Experimente sind Kopfgeburten der Langeweile.

Wer sich abseits wähnt, steht nur im Zentrum eines anderen Kreises.

Man sagt, der Mensch sei ein Spielball des Schicksals. So hat das Schicksal wenigstens etwas zu spielen.

Jeder ist verwundert über die öffentliche Meinung, die von niemandem geteilt wird.

Er wollte eine einzige gute Tat tun – und konnte dann nicht mehr aufhören.

Man muss wach bleiben bis man einschläft.

Ein Besserwisser weiß alle Schlechtigkeiten immer noch besser.

Einen Kopf zu groß – und schnell ist man einen Kopf kürzer.

Man ahnt nichts und will hinterher alles gewusst haben. Ein typisches Beispiel für Herrschaft.

Die Langeweile wenigstens zum Träumen nutzen.

Und zum Nachtisch ein Requiem.

Immer wenn die Riesen Mikado spielen, kommt die Forstwirtschaft durcheinander.

Eine Ansammlung von Aphorismen ergibt schließlich ein Nagelbrett.

Wer über allem steht, steht unter Größenwahn.

Sein Lebenslauf liest sich wie eine Statistik von Alibis.

Wer nichts taugt, kennt kein schlechtes Gewissen.

Arbeit ist das halbe Leben. Die andere Hälfte sind Überstunden.

Das Ich ist den Anderen ein Anderer.

Zuviel Weisheit in Athen führt zur Eulenthanasie.

Was die Quantensprünge in der Physik, das ist der Aphorismus in der Literatur.

Faule Ausreden sind schon nicht mehr haltbar.

Opium ist nicht die schlechteste Religion.

Manches Menschen Geheimplatz ist der Markt.

Über andere gesprochen ist über sich selbst gerichtet.

Zum Glück hört auch dies irgendwann auf.

Seht den Menschen, dieses göttliche Leiden.

Mein Tod wird viele schmerzen, außer mich.

Die vielen großen Namen, kleingedruckt in wenigen Fußnoten.

Verdienste ziehen häufig eine Schleimspur hinter sich her.

Musik lässt sich leichter wiederholen als Sprache.

Werke der Menschen, menschliche Schöpfungen, kann man nicht imitieren. Sie sind. Wie viel weniger können wir die Schöpfungen Gottes nachahmen. Die sind wir.

Liebesbriefe, in einem Beichtstuhl vorgelesen.

Einem Geistesblitz folgt in der Regel ein entgeisterter Donner.

Wer durch die Welt gekommen ist, fühlt sich bestätigt, am meisten dann, wenn er hinreichend widerlegt wurde, aber dennoch durchgekommen ist.

Die Guten haben mit den Schlechten zu tun und bleiben doch gut. Die Schlechten haben mit den Guten zu tun und bleiben doch schlecht.

Er war bemüht, den Schein zu wahren, den er anderen verlieh.

Es kann überhaupt nicht genug Literatur geben.

Der Abstand zwischen sehr reich und sehr arm beträgt einen Steinwurf. Wer wirft den ersten Stein?

Die Helligkeit, die ein Auge ausstrahlt, ist der Widerschein des Lichtes, das es aufnimmt.

Vorurteilslosigkeit kommt zu keinem Urteil.

Kleinmut und Größenwahn sind Zimmernachbarn.

»Bilder, Bilder!« sprach das Wort.

Gewohnheit ist auch eine Liebe.

Der Wind des Geistes bringt manchen morschen Baum zu Fall.

Wirkliche Liebe ist, mehr und mehr aneinander schuldig zu werden.

Jeder Satz, der mit Ich beginnt, hat eine vollkommen andere Bedeutung als andere Sätze.

Gerechtigkeit durch Fragmente.

Gesellschaft ist der Versuch, in großen Mengen einander fremd zu bleiben.

Sein Wort zu brechen, scheint im ersten Moment billig, doch summiert es sich schließlich zu einem erklecklichen Betrag, den andere einfordern.

Wahre Worte sind — wie Perlen in Muscheln — in einer harten Schale zu finden.

Der Fachmann steht über den Dingen.

Das wenigste, was uns bestimmt, hängt von uns selbst ab.

Den größten Teil eines Netzes machen die Maschen aus.

Schlechtes Essen verdirbt den Geschmack.

Die sieben Haupttugenden und Hauptsünden laufen im Gleichschritt durchs Leben.

Soziale Beziehungen: so wechselhaft wie Aprilwetter.

Sicherheit ist das Bedürfnis, am Leben zu sein, ohne an ihm teilzunehmen.

Eigennutz treibt die Menschen zu Gesellschaften zusammen.

Auch menschliche Neigungen haben ein Gefälle, das in eine Senke führt.

Seine Kritik traf – ohne Ausnahme – niemanden.

Noch die größten Bosheiten geschehen aus Schwäche.

Moral ist die Unterwäsche der Striptease-Tänzerin.

Die Sonne scheint auf Gerechte und Ungerechte, doch etwas mehr auf Ungerechte.

Eine gute Ausbildung macht den Handwerker, eine größere Portion Einbildung den Star.

Manche haben schon Preise bekommen für Dinge, die andere nicht hätten schlechter machen können.

Die meisten Fragen werden gestellt, um sich durch die Antwort in der eigenen Meinung bestätigen zu lassen, oder um andere der Unwissenheit zu überführen.

Die Welt könnte durch Übermut untergehen.

Am unsichersten sind Vorhersagen, die man der eigenen Rede voranstellt.

Je länger eine Rede, desto geringer die Aufmerksamkeit der Zuhörer. Auf diese Weise kann der Redner ungestört sagen, was er will, und von den Zuhörern

hat es hinterher niemand gehört, dass zum Mord auf-
gerufen wurde.

Harte Worte sind wie hohle Nüsse.

Viele Worte aneinandergereiht sind wie ein Latten-
zaun, durch den hindurch die Zuhörer den verborge-
nen Garten des Redners erspähen können.

Was das Alter nicht mehr kann, verbietet es der Ju-
gend.

Natur gibt die Gesetze, Geschichte schreibt die Aus-
führungsbestimmungen.

Viele Menschen reden, um das Schweigen zu füllen.
Dadurch wird es vermehrt.

Konflikte bestehen nicht zwischen Menschen, sondern zwischen deren unterschiedlichen Projektionen.

Wer die Menschen für gut hält, tut dies um dessentwillen, dass sie ihre Schlechtigkeit ablegen.

Unser Denken über die Welt gleicht dem, was das Skelett für den Körper ist.

Durch manche Verrücktheit hindurch kam er wieder dem auf die Spur, was er eigentlich wollte.

Wer sich betrogen findet, wird widerbetrügen.

Glück oder Unglück werden durch die Geschäftsordnung entschieden.

Im Denken dialektisch, im Reden klar und einfach.

Die meisten Menschen haben nicht mehr miteinander gemeinsam als das allgemeine Schicksal, Mensch zu sein.

Die Traumwelten der Menschen sind so verschieden wie ihre Lebenswelten.

Der Weise lebt abgeschieden von aller Welt und begreift doch alle Welt in sich.

Eine Vertraulichkeit von oben nach unten schmeichelt dem Unteren, und doch tun die Oberen nichts ohne Eigennutz, denn solche Vertraulichkeit soll die Schmeichelei von unten nach oben nach sich ziehen.

Wo liegt das Über-All?

Auch als die Menschen dachten, die Welt sei eine Scheibe, waren sie Menschen — oder noch nicht?

Jeder sucht beim anderen eine Schwachstelle, um ihn dadurch an sich binden zu können.

Er verbrachte sein Leben wie auf einem Parkstreifen.

Die Armen verachten die Reichen, aber jeder möchte dazu gehören.

Man rühmt sich, dem Tod ins Auge geblickt zu haben; dabei ist der blind.

In der Natur entschwinden die Begriffe.

Termine töten Zeit.

Sich um andere zu sorgen, fordert viel, gibt aber mehr zurück.

Er wartete immer. Doch es kam niemand. Da ging er. Doch niemand erwartete ihn.

Erst der Schmerz oder die Lust machen den eigenen Körper spürbar.

Oftmals ist Antriebskraft Reaktion auf ein Vakuum.

Die Lust und die Last, fremde Arbeit zu tun, paaren sich im Mittelmaß.

Wer unausgefüllt dahinlebt, wird von mancherlei Lüftchen hin- und hergetrieben.

Entweder man zieht ein Los oder es trifft einen.

Leichten Schrittes ging er über Leichen.

Nichts ist billiger als billiger Rat.

Die Psychologie maßt sich an, im eigenen Hause ohne sich auszukommen.

Von Gesundheit gefährdet.

Witz ist nach außen gekehrte Trauer.

Wahres Glück verrechnet sich zu dessen Gunsten.

Der falsche Schein ist zumeist richtig.

Die einen streben den ewigen Ruf, die anderen die ewige Ruhe an.

Die Kenntnis einschlägiger Texte bewahrt davor, dasselbe erleben zu müssen.

Die eigenen Interessen zu verfolgen kann anderen nützlich sein.

Je weniger zu retten ist, desto größer die Eitelkeit.

Geschichte ist die immer gültige Ungerechtigkeit.

Wer sich nicht selbst lobt, hofft auf andere.

An denen, die in einer Gesellschaft obenauf sind, wird deutlich, was darunter ist. Auf der Gülle schwimmt der Schaum.

Von einem, der sich in die Öffentlichkeit zurückzog.

Das Alter hat als Artikel das Neutrum.

Ein Sammelsurium an Wissenslücken.

Regiert wird mit List. Sich regieren lassen ebenso.

Langeweile ist eine große Zeitverschwendung.

Die Zuchtrute der Produktivität.

Wenn der Impuls zur Intention wird, ist der Geist verdorben.

Wissen berauscht mit Nüchternheit.

Er wurde in seiner Verwirrtheit immer klarer.

Die Geschichte der Art, wie wir sie erleben, ist als einmalig zu denken. Hypothetische Mehrfachausführungen würden andere Ergebnisse zeitigen.

Gott versteht etwas von der Ohnmacht.

Geschichte hat es hinter sich.

Leben ist, sich in einen Traum zu versenken.

Geistlosigkeit ist eine Form des Genusses.

Aus Liebe entstanden. Grund genug, daraus zu leben.

Konsequentes Chaos.

Oftmals meint man, Vorurteile durch höhere Vorurteile außer Kraft setzen zu können.

Der Durchschnitt ist überdurchschnittlich schlecht informiert.

Da macht man sich Sorgen um Kleingeld von 2,39 Euro, und mit gleicher Rechnung gibt man aus Versehen statt eines Tausenders zwei davon aus der Hand.

Er bestand die theoretische Prüfung mit 0,8 Promille.

Jeder Schritt in die Zukunft bedeutet, die eigene Geschichte zu schreiben.

Es regnete Folgen.

Manche wollen sich identifizieren und verwechseln sich dabei.

Er versteht es, mit seiner Bescheidenheit anzugeben.

Entweder Umfang und Weite des Wissens oder Feinheiten und Nuancen.

Begegnungen sind Machtproben.

Viele Menschen sind, wenn sie auf ihr Leben zurückblicken, zwangszufrieden.

Der eine hält sich frei von den Dingen, indem er gekonnt darin herum schwimmt. Der andere dadurch, dass er vom Ufer aus alles überschaut.

Gegenüber ernsten Leuten muss Humor in homöopathischer Dosis verabreicht werden.

Die menschliche Geschichte gleicht in ihren Wellenbewegungen dem Meer und damit der Urform der chaotischen Natur.

Die Menschen sind darum bemüht, sich in ihrem Wissen gegenseitig zu übertreffen und überlisten sich dadurch gegenseitig in ihrem Unwissen.

Er trug die Reue wie ein Brustwappen vor sich her.

Jeder ist der Mittelpunkt seiner Peripherie.

Er erhielt das Bundesverdienstkreuz am Strick.

Wie könnten die Stupiditäten des Menschen seiner Emanzipation dienstbar gemacht werden?

Beteuerungen machen die daraufhin gesprochenen Worte hinfällig.

Diejenigen, die alles versachlichen, verfallen als Erste dem Gefühlsdusel.

Jeder ist der, der er geworden ist.

Welcher Korb bewahrt die Erinnerungen haltbar auf?

Wer in vielen Beziehungen lebt, kann die Relationen wahren.

Furcht zieht Furchen ins Gesicht.

Wer Konsens predigt, produziert Dissens.

Er stieg auf den Flügeln des Gedankens so hoch, dass ihm schwindelig wurde.

Schwerkraft kann auch belastend sein.

Asche ist kein Humus.

Warum Wunder? Weil sonst keiner an sie glaubt.

Die existentielle Kontraktion nimmt mit dem Alter zu.

Musik ist der Zeit abgetrotzte Zeitlosigkeit.

Er hielt nur das Notwendige für wichtig. Da er keine Not hatte, war ihm auch nichts wichtig.

Was führt die Schildlaus im Schilde?

Die freie Rede wird vom Geheimdienst abgefangen.

Im Zeitalter der Zahlen sind die Zahlen außer Kontrolle geraten.

Schiffbruch. Und der Kapitän? War nicht an Bord.

Die oberen Zehntausend sind heute zweihundert.

Auch Feigenblätter welken.

Nachzügler können nicht mit Vortritt rechnen.

Er pfiff durch die vorletzte Zahnlücke.

Nach dem Denken blieb nichts anderes übrig: es wurde eine Professur daraus.

Reiche kommen nicht ins Gottesreich. Das weiß die Kirchenmaus schon jetzt.

Ein Unglück allein macht noch keinen Winter.

Als der Frühling kam, zerrann ihm die Wirklichkeit wie Eis.

Ein Leben ohne Tod ist wie ein Topf ohne Deckel.

Geschichte: das Buch mit sieben Siegeln.

Wer aufgeklärt ist, sieht Nacktheit nicht mehr.

Als er bemerkte, dass ihn niemand beobachtete, schaffte er sich selbst eine Kamera an.

Die Klöster haben das beste Bier, weil es die Frau ersetzen muss.

Sie lebten so, als wären sie, wie Adam und Eva, alleine auf der Welt.

Da ihm die Ausdauer fehlte, hat ihn nichts überdauert.

Gefühle sind Vorgefühle und Nachgefühle.

Unser Mangel ist Überfluss.

Pecunia non olet: Gold ist geruchloser Dung.

Gold macht alles andere gleich wertlos.

Leichte Freude verfliegt schnell.

Im Winkel sammelt sich der Dreck.

Einen Merkposten offen halten: Gott.

Wer immer weiter zählt, kommt doch nicht weiter.

Einen bedeutenden Menschen erkennt man in der Regel nicht an der Krawatte.

Wenn man die Nacht zum Tage macht, wird der Tag doch nicht gleich Nacht.

Gebrauchstexte sind meistens nicht zu gebrauchen.

Mit 50 ist man endlich realistisch geworden – oder ein Kind wie nie zuvor.

Im Zeitalter der Computer kann sich jeder selbst gedruckt lesen, und sei es nur auf dem wöchentlichen Einkaufszettel mit Briefkopf darüber.

Wer viel erleben will, hat viele Defizite.

Jeder Buchmeter im Regal bedeutet zehn Meter weniger Buche im Wald.

Je leichter der Gang, desto flacher die Spuren.

Der Fehler im System: das System.

Anonymokratie: die durch Aktiengesellschaften begründete Herrschaft.

Geld ist die Macht der Dummen.

Die führenden Politiker sind in der Regel weder führend noch Politiker.

Die Herrschenden drehen die Misere so, als ob jeder seine Niederlage selbst zu verantworten habe.

Bei verbotenen Büchern ist jede Seite einen Geld-
schein wert.

Woher kommt das Maß, wenn alles im Gleichmaß ge-
schieht?

Rechststatt gleich Rechtsbestattung.

Das Studium der Sitten gerät langsam zur Unsitte zu
werden.

Bei Herrschenden gilt das »divide et impera«. Daher
geht es drunter und drüber, weil sie die Zusammen-
hänge nicht begreifen.

Wer zu viel arbeitet, verscheucht seinen Engel.

Übermüdete Wachmänner sind eine Gefahr.

Quantensprünge der Dichtkunst.

Alles ist ambivalent. Auch dies.

Wenn Gott uns nicht suchen würde, hätten wir ihn längst verloren.

Der Wert des menschlichen Lebens und die Börse haben soviel gemeinsam wie Perlen und Meeresalgen.

Lesen ist wie Überlebenstraining im Textdschungel.

Am meisten war er von sich selbst enttäuscht.

»Man sollte realistisch werden« ist und bleibt ein idealistisches Unterfangen.

Eine Predigt so halten, als säße man allein in der Bank.

Lernen macht scheu.

Arbeit ist Notwehr.

Theorie macht frei.

Mein Yoga ist Theorie.

Still und heimlich verströmten die Berge ihre Weisheit.

Besser eine falsche Theorie als eine richtige Blasphe-
mie.

Wenn kein Lack dran ist, kann er auch nicht abblät-
tern.

Musik ist hörbare Gegenwart.

Wer unter der Sonne sitzt, sieht keine Sterne.

Wer auf die Sterne achtet, bedarf der Sonne nicht.

Wenn die Sonne am Zenit steht, werden Körper und
Schatten eins.

Schon *eine* Wolke kann die Sonne verdunkeln.

Der Süden ist dort, wo die Dächer keine Dachrinnen benötigen.

Eine Welle ist keine Welle.

Es gibt auch charmante Idioten.

Wenn alles leise ist, ist einiges lauter.

Schreiben macht frei.

Nicht im Glück, sondern im Unglück zeigt sich die wahre Größe eines Menschen.

Ressentiment ist die Kehrseite des Sentiments.

Das Theater spielt das Leben, die Religion lebt das Spiel.

Dem Fremdwort eine Heimat.

Bücher sind Grundnahrungsmittel.

Weidlich betrachtet.

An der Giftflasche: Vor Gebrauch schütteln.

Angesichts der maskierten Gesichtslosigkeit wird vor Ansteckungsgefahr gewarnt.

Die Biegung des Flusses vor der Zeit.

Nachgeburt ohne Nachlass.

Geschmacklosigkeit gleicht der Invarianz mangelnden Urteils.

Eine Frage der Bezugsgröße: Re(g)alenzyklopädie.

Wer im Rachen des Löwen sitzt, sollte nicht mit dem Parlieren beginnen.

Was ausstirbt, ist Natur; was bleibt, ist Natur.

Die Natur ist tot, es lebe die Umwelt.

Poesie als Nacht-und-Nebel-Redaktion.

Die Wahrheit ist der Futtertrog der Lüge.

Und nebenbei habe ich auch noch eine Seele.

Vergilbt erinnert sich ein Blatt.

Manche leben so billig, dass es sie teuer zu stehen kommt.

Träume sind wie Mauersegler, sie fliegen auch im Schlaf.

Opfer alle Länder, vereinigt Euch!

Beim Wandern geht er immer etwas schneller, um anzukommen, bevor er nicht mehr kann.

Wenn am Denken Grünspan ansetzt, ist es in die Jahre gekommen.

Einsamkeit vererbt sich auch.

Oftmals verhält sich die Anzahl der Worte umgekehrt proportional zur Gegenwart von Sinn – aber auch umgekehrt.

Langeweile: Es langt wieder für eine Weile.

Er war seiner Größe nicht gewachsen.

Mir träumte, ich träumte noch.

Das Meiste wird geschrieben, weil einem nichts Besseres einfällt.

Das Wort ist die Skepsis der Tat.

Die Wahrheit wird oft mit produktivem Dusel verwechselt.

Das Schöne ist ein Betrug mit anderen Mitteln.

Und die Moral von der Geschicht', die gibt es bei der Liebe nicht.

Einsamkeit meint, sich selbst durchs Leben zu begleiten.

Arroganz ist der kleine Bruder der Feigheit.

Es ist so wenig los – ich schaffe das gar nicht.

Er lebte sein Leben unter Angabe von Abgründen

Am Ende die große Ungerechtigkeit der Gnade.

Die Welt ist alles, was fällt.

Wirt werden, um nüchtern zu bleiben.

Den Diamantring aus der Asche der Erloschenen am linken Ringfinger tragen: Da gewinnt der Satz, seine Frau um den Finger zu wickeln, eine neue Bedeutung.

Der Name ist Prolog der Existenz.

Die Welt wäre besser, wenn sie nicht so schlecht wäre.

Blöd wie Brot, aber schlau wie Spaghetti.

Ich beginne morgens mit Theorie und beende den Tag abends mit Theorie. Das ist meine Praxis.

Wer nichts zu entscheiden hat, tut sich schwer damit; wer etwas zu entscheiden hat, tut sich leicht damit.

Wer in der ersten Reihe sitzt, hat einen begrenzten Horizont.

Das Leben ging – ohne seine Beteiligung – an ihm vorüber.

Weniger Zeit für mehr ist mehr Zeit für weniger.

Jahreswechsel wie Wechseljahre.

Wer Pläne macht, wird überrascht von dem, wie das Leben anders geht.

Die Ambivalenz der Wirklichkeit mit der Dialektik des Geistes beantworten.

Das neue Jahr ist mit dem ersten angebrochenen Tage zum alten geworden.

Wird das Leben glücklicher mit dem Leben?

Die Jahre verbrauchen sich ungleichmäßig.

Gute Wünsche sind wie Ruten.

Die Angst vor dem neuen Jahr ist die Reue über das verlorene.

Die schwarze Silhouette der Krähe ins Visier nehmen.

Der katastrophalen Weltlage aus der Bettperspektive begegnen.

Die Literatur Buchstabe sein lassen.

Freiwillig das Leben preisgeben.

Einen kurzen Tag lang Nichtstun gleicht der Rebe vor der Ernte.

Vergissmeinnicht mit Vergißmeinnimmer ansprechen.

Alles alles sein lassen.

Alles nichts sein lassen.

Ein gesundes Jahr lang keine Ziele haben.

Jeglicher Frau eine Träne nachweinen.

Vernünftige Argumente mit der Leidenschaft des Herzens ad absurdum führen.

Mögliche Bedingungen der Wirklichkeit nicht akzeptieren.

Für jeden Besuch einen Umweg von drei Tagen einplanen.

Jedem Aus-dem-Wege-Gehen aus dem Wege gehen.

Den Winter mit Frühlingsgefühlen begrüßen.

Die geschossenen Fotos als Trophäen drapieren.

Den anderen Auguren einen Adlerblick weit voraus sein.

Bei der Morgentoilette den Kamm verwechseln.

Den zerknirschten Schnee hinter sich lassen.

Den morgendlich schweren Kopf zur Seite legen.

Im Fotoalbum nach verlorenen Gesichtern suchen.

Der Regenzeit die Sonnenseite zeigen.

Beim Anblick von Menschen Gesichter erfinden.

Dem gewissen Sterben gelassen entgegenschlendern.

Sich selbst als Gast einladen.

Den Holzstoß am Schuppen in seiner Schlichtheit be-
staunen.

Bei jedem Schritt rückwärts drei Schritte vorausden-
ken.

Vormittags nicht wissen, ob es einen Nachmittag gibt.

Die Trauer mit weißen Handschuhen begrüßen.

Jedem Menschen begegnen, als sei es der erste. Jedem Menschen begegnen, als sei es der letzte.

Gespräche mit Toten sind einfach, denn sie widersprechen nicht.

Tage, denen die Zeit gestohlen wird, eine andere Uhr geben.

Sich an Regentagen in den Wind stellen und die Haut gerben lassen.

Nachgiebig wie der Birkenzweig.

In den Fugen des Lärms die Stille finden.

Die mit den Ohren gehörte Musik mit dem Geiste nacherschaffen.

Das Thermometer als neutralen Ratgeber achten.

Wie das Schaf unter der Schlachtbank.

Wie ein Lenkdrachen, der sich dem Wind entgegenstellt.

Wie die Wurzel des Baumes, die den Erdboden zusammenhält.

Beständig wie der Rost.

Der Aphorismus – Ein Essay

Die sinnigste Anpreisung des Aphorismus ist selbstredend aphoristisch.

Nicht selten ist dies geschehen. Schreiber wie Kraus, Adorno, Lec, so bunt wie ihre Aufreihung hier, haben sich aphoristisch zum Aphorismus geäußert.

„Der längste Atem gehört zum Aphorismus." (Kraus: Aphorismen, 186)

„Verschwindet heute das Subjekt, so nehmen die Aphorismen es schwer, daß das Verschwindende selbst als wesentlich zu betrachten sei. Sie insistieren in Opposition zu Hegels Verfahren und gleichwohl in Konsequenz seines Gedankens auf der Negativität." (Adorno: Minima Moralia, 9)

„Er war das Gewissen einer Zeit, die keins hatte." (Lec: Alle unfrisierten Gedanken, 162) – der Aphorismus.

Der Aphorismus ist das erweiterte Apophthegma. Weder nur gelehrig noch nur ästhetisch oder moralisch, weder bloß religiös noch bloß politisch begreift er das Universum in sich konzentriert. Natürlich ist jeder Aphorismus in der Regel ein Wortkristall nur einer Sphäre, doch kein Aphorismus tritt isoliert auf. Auch

insofern ist jeder Aphorismus ein erweitertes Apoph-
thegma. Aphorismen häufen sich. Gerne. Bevorzugt
sinnzerstreuend, um Sinn gesammelt weiterzuvermel-
den.

Wesentlich epigrammatisch sucht der Aphorismus
nach dem Syngramma: dementiert auf der einen Seite
heftig, daß konsistenter Sinn existiere, lebt auf der an-
deren Seite von eben diesem suspendierten Sinn, der
ex negativo die gnostische Einsicht bestärkt: wie oben
so auch unten.

Welcher der beiden Sphären der Aphorismus allerdings
zugehört, dürfte strittig sein. Ist er dem Sein von oben
zugeteilt, das herabblickend Spiegel der eigenen Herr-
lichkeit sich schafft? Oder ist er dem unteren Sein zu-
gehörig, welches in keckem Aufmucken die Versöh-
nung zwischen oben und unten anmahnt? So schwankt
der Aphorismus zwischen Adlerblick, der alle Existenz
überflügelt und daraus seine Lebenskraft zieht, und
dem verschämten Klopfen des Eingesperrten, der vom
Licht weiß, aber dies nur durch die Ritzen der vorpre-
schenden Erkenntnis. Seine Freiheit ist jenseits.

Ein Aphorismus als Adlerblick, der die Perspektive der
Freiheit in sich hat, lautet beispielsweise: „Den Lor-
beerkranz annehmen, bedeutet das Format seines Kop-
fes verraten." (Lec: Alle unfrisierten Gedanken, 86)
Ein Aphorismus als Klopfzeichen des aus der Finsternis

des ununterscheidbaren Unten nach Freiheit Suchen-
den, schreibt sich dagegen so: „Brot öffnet jeden
Mund." (Lec: Alle unfrisierten Gedanken, 79)

Derlei Aphorismen sind vielleicht ‚existentiell‘ zu
nennen. Sodann gibt es den moralischen Aphorismus,
der lyrisch moralisiert. Jene Lyrik der Moral wird dort
gebildet, wo Poesie und Logik sich küssen, wobei Mo-
ral das in plumper oder auch feiner Art sublimierte
Schicksal bedeutet. Musil meint, daß der Aphorismus
Schicksal sei (vgl. Dedecius in Lec: Alle unfrisierten
Gedanken, 312).

Daraus mag sich auch die Stellung des Aphorismus
zum Problem des Widerspruchs, sei er innerlich oder
äußerlich, erklären. Neben Aphorismen, die ausdrück-
lich aus der Kollision der Wirklichkeiten oder Sprach-
wendungen jeweils miteinander oder über kreuz her-
vorsprießen, gilt für alle Aphorismen, daß sie sich jed-
weder Systemlogik gegenüber spröde bis negierend
verhalten.

Systemisches wird poetisch aufgebrochen: der Apho-
rismus als pointierter Widerspruch gegen das Ganze.
Er pulsiert als wahrgenommene Chance des mikrolo-
gisch Gültigen. Selbst die Pointe, anderen Doktrinen
Widerpart bietend, birgt Widerspruch in sich, ist
zweideutig oder zwielichtig, dialektisch oder parado-
xal. Ein Kniff, der die bestehenden Besitzverhältnisse

abrogiert. Die Pointe ist der Umschlagsort bindender Werte und derer, die als solche angesehen werden. Der Witz ist, alternative Besitzverhältnisse, Genitivbindungen aufzutun, um herkömmliche Besitz-Beziehungen umzukrempeln. Es kommt zum Sturz etablierter Sinnbezüge, Zusammenhänge, Beziehungsnetze. Unter der Oberfläche werden andere sichtbar. Durch Rückfall in atomisierte Existenz der Sprache erzeugt der Aphorismus dagegen substantielle Verhältnisse. Er reißt auf, zerreißt, bricht entzwei, aber nur zum Vorteil von kreativer Harmonie in neuen Besitzungen.

Wo liegen die Grenzen? Grenzen des Besitzes, der Erkenntnis, des Tuns? Es ist die Frage nach dem Kriterium eines fähigen Aphorismus.

Der Aphorismus testet, prüft, untersucht, fragt an, pocht auf begrenzte Grenzenlosigkeit. In seiner Enge führt er Weite herauf. Mit wenigen Worten ein Übermaß an Gedanke. Dadurch, dass er sich selbst sparsam hält, rudimentär auftritt, ist er nur Salzkorn statt gesalzener Eintopf. Er ist das Vermögen, darüber hinaus zu kommen, wo sonst Grenzen starren. Ihm mangelt es und deshalb drängt, treibt, drückt, überschießt, überbordet er alles was Begrenzung, Kleinheit, Definition, Wirklichkeit, Ding heißt.

Er nimmt sich die kurze Freiheit, auf Freiheit hinzuweisen. Und er meint, daß nichts anderes die Freiheit begrenzen sollte als – der Aphorismus. Da wäre er der beste Nachbar, wo es vom Aphorismus hieße: „Die Grenze der Freiheit bestimmen die Anrainer." (Lec: Alle unfrisierten Gedanken, 185)

Wo Aphorismen Anrainer der Freiheit sind, gibt es allein sie. Denn es ist jeweils unbekannt, auf welcher Seite der Grenze man sich just aufhält. Zu beiden Seiten ist der Staat Freiheit zu finden.

Grenzen, die der Aphorismus zeigt oder zerstört, sind wesentlich qualitativ. Das macht schon das Verb ἀφορίζειν, *aph-orízein*, „genau bestimmen, abgrenzen", deutlich, in dem auch das Nomen ὅρος, *hóros*, „Begrenzung, Bedingung" verborgen ist. Aphorismen zeichnen einen Horizont.

Solche Termini sind als Konglomerate des horizontal Quantitativen und des vertikal Qualitativen zu nehmen. Und immer wieder deutet und bestimmt der qualitative Impetus des Aphorismus den quantitativen Schritt, den er in sich hat, denn dieser wüßte aus sich weder Richtung noch Grenze noch Sinn. So stolpert die quantitative Definition, die der Aphorismus mit erbringt, über den qualitativen Stock zwischen den eigenen Füßen und gibt sich derart selbst Rechenschaft vom Ineinander: ernster Spott wird spottender Ernst und spottender Ernst wird ernster Spott.

Gezielter Angriff wird gewitzte Verteidigung. Gezogene Grenze atomisiert sich, wird zur Fluchtlinie der Pointe, individualisiert seine Teile, lacht mit heller oder dunkler, gewaltiger oder sanfter, makabrer oder verständiger Stimme auf. ‚Es ist mir alles Spott.'

Der Aphorismus ist freches Raisonnement ohne Zügel, vgl. das hebräische Wort לִיץ (Ljs) in der Bedeutung übermütig, zügellos, ungezogen, frech (Gesenius: Handwörterbuch, 386). Davon wohl der Name Lec/Letz (mhd.: Grenzbefestigung, Schutzwall) = Satiriker. Vor allem in den biblischen Sprichwörtern 3,34; 9,12 und 21,24 in negativer Bedeutung verwendet.

Derart streift der Aphorismus die unpassenden Zügel der Kausalität ab. Er reißt den Riemen durch, der lenken soll, wo doch nur Ungelenkes dabei herauskommt. Die Kraft des Aphorismus gegen die Zensur der Systemlogik zeigt sich darin, daß er als atomisierter springt. Seine Wirklichkeit ist sprunghaft und der Aphorismus ist ein Wassertropfen des wirklichen Sprachstromes. Sich aphoristisch zur Realität zu verhalten meint nichts anderes, als die Verwerfungen, Risse und Knicke derselben als Normalität zu nehmen und in Perlensätzen auszusprechen. In Wahrheit perlt Wirklichkeit. Schroff und versöhnlich zugleich. Und im Aphorismus schnappt sie nach Luft – oder schluckt wieder einmal.

„Die dialektische Theorie, abhold jeglichem Vereinzelten, kann denn auch Aphorismen als solche nicht gelten lassen. Im freundlichsten Falle dürften sie, nach dem Sprachgebrauch der Vorrede der Phänomenologie des Geistes, toleriert werden als Konversation. Deren Zeit aber ist um." (Adorno: Minima Moralia, 8-9)

„Verschwindet heute das Subjekt, so nehmen die Aphorismen es schwer, daß das Verschwindende selbst als wesentlich zu betrachten sei." (Adorno: Minima Moralia, 9)

„Ein Aphorismus braucht nicht wahr zu sein, aber er soll die Wahrheit überflügeln. Er muß mit einem Satz über sie hinauskommen." (Kraus: Aphorismen, 186)

„Einen Aphorismus kann man in keine Schreibmaschine diktieren. Es würde zu lange dauern." (Kraus: Aphorismen, 186)

„Keinen Gedanken haben und ihn ausdrücken können – das macht den Journalisten." (Kraus, Aphorismen, 190) Einen Gedanken haben und ihn nicht ausdrücken können – das macht den Essayisten. Einen Gedanken haben und ihn ausdrücken können – das macht den Aphoristiker.

„Es gibt Schriftsteller, die schon in zwanzig Seiten aus-
drücken können, wozu ich manchmal sogar zwei Zei-
len brauche." (Kraus: Aphorismen, 191)

„Ein Feuilleton schreiben heißt, auf einer Glatze Lo-
cken drehen." (Kraus: Aphorismen, 190)

Einen Aphorismus notieren heißt, auch ohne Glatze
genau eine Locke zu drehen.

Der Aphorismus: Prosa mit Anfang und Ende; ein mit
Punkt beendeter ungültiger Satz; der Augenblick der
Sprache; die kurze Vergessenheit des Geistes; das ge-
wollt herausgerissene Zitat; das schwarze Loch des
Gedankens; der Schlüssel, zu dem es die Tür nicht
gibt.

„Aphorismus: Nicht Fisch u nicht Fleisch. Nicht Epi-
gramm u. nicht Entdeckung. Es fehlt ihm anscheinend
an der Ganzheit, Einprägsamkeit, Reduzierbarkeit
odgl. Bloß Bewegung ohne Ergebnis, Knotenpunkt
usw. Darum die Abneigung gegen ihn. Schlage es nicht
in den Wind! Bewegt-Neuangeregtseinwollende Zeiten
lieben Aphorismen. So Nietzsche u. die Mo-derne."
(Musil: Tagebücher, 767)

Literatur

Adorno, Theodor W. (2001): Minima moralia. Reflexionen aus dem beschädigten Leben. 1. Aufl. [Nachdr.]. Frankfurt am Main.

Gesenius, Wilhelm (1962): Hebräisches und Aramäisches Handwörterbuch. Unveränderter Neudruck der 1915 erschienenen 17. Aufl. Berlin u. a.

Kraus, Karl (1987): Aphorismen, in: Polemiken, Glossen, Verse und Szenen. Hrsg. und mit einem Nachwort versehen von Joachim Pötschke. 2., erw. Aufl. Leipzig.

Lec, Stanisław Jerzy (Hrsg.) (1994): Alle unfrisierten Gedanken. 7. Aufl. München.

Musil, Robert (1983): Tagebücher. Neu durchges. und erg. Aufl. Reinbek bei Hamburg.

.